Walter Häge

Eine kleine Anleitung zum Glück

Vladimirs Zauber-Reise

Radionik Verlag

Bilder (c) Marieke Häge, Acryl auf Holz/Leinwand
Titelbild: „Das Fenster zum Glück", 50x60cm

ISBN 978-3-934441-63-7

Radionik Verlag e.K.
Wallrodaer Str. 13
01900 Großröhrsdorf
T. 035952 42266
F. 035952 28098
Email info@radionik.info

Bitte besuchen Sie unsere Webseite unter
http://www.radionik.info

Für Marieke und Philipp zu seinem 14. Geburtstag

Nachdem sie ihn geboren,
unseren Sohn,
schlich sich langsam Nana in mein Herz.
Bis dahin war mir das Wesen Nana völlig fremd,
da meine Erinnerung viel Kälte spiegelte.
Aber Vladimir, der immer schon in mir war,
nahm mich an der Hand und führte mich voller Umsicht zu ihr.
Ich erfühlte mit Staunen, dass die Liebe der ewigen Nana
auch *meine* Seele umschlingt und zum Singen bringt.

Selbsthilfegruppe für Komplementärmedizin
'Selbstheilung online' im Verein Schwarmwissen e.V.

Internet: www.selbstheilung-online.de

Wir laden Sie zur kostenlosen Mitgliedschaft ein

Inhaltsverzeichnis

Zum Gebrauch

Die Zeit, in der ich Vladimir war, ist *in* mir, in meiner Person verhaftet, in sie eingefaltet. Ich könnte sagen, dies war *eine Zeit von mir oder ein Teil von mir*, aber das ist falsch. Genauso falsch wie das Denken, es gäbe etwas Ganzes, das aus Teilen besteht, oder umgekehrt, viele Teile würden ein Ganzes ergeben. Obwohl ich, der Mensch aus Fleisch und Blut, niemals Vladimir war, bin ich doch durch und durch jener dieses Namens.

Falsch wäre zu meinen, ich bestünde aus zwei Personen, sozusagen eine für den Tag und eine für die Nacht, oder: eine zum Beispiel für die Wirklichkeit und eine für die Träume. Es ist auch nicht so, dass die eine Person wie die Sonne und die andere deren Schatten wäre. Sonnen haben keinen Schatten.

Ich bin zwei und trotzdem eins. Ich bin, der ich bin, und auch mein Gegenteil.

Genau wie mir geht es jedem Menschen. Das Dumme ist nur, dass die meisten lediglich jenen Teil von sich sehen, den sie in den Arm zwicken können. Jetzt habe ich „Teil" gesagt. So ist das mit der Sprache. Man benutzt ein Wort, das absolut falsch ist, deshalb, weil sich kein richtigeres findet. Von all den falschen Wörtern ist dies das am wenigsten falsche. So einfach ist das – und so vertrackt.

Das geht so weit, dass man sich mit gänzlich falschen Wörtern unterhalten kann. Und man meint, man hätte dabei etwas Wichtiges gesagt, oder etwas Vernünftiges, oder etwas Geistreiches, oder überhaupt irgendetwas.

Vladimir ist weder etwas Unter- noch etwas Unbewusstes. Er ist einfach da, wenn ich da bin. Er ist hellwach, dabei gelöst und immer bereit, einzugreifen. Er steht mir zur Verfügung und ich stehe *ihm* zur Verfügung. Das ist natürlich schon wieder falsch ausgedrückt, denn was *eins* ist, kann nicht *zwei* sein. Vielleicht so: Vladimir und ich sind Nichtzwei.

Wie alles, was wir hören, sehen, riechen, tasten, so ist auch die Sprache nur ein begrenzter Ausschnitt dessen, was Wirklichkeit ist. Diese ist wie ein Stück Holz, das ich in seiner rohen Form benutzen oder bearbeiten kann, um ihm jede andere mögliche Form zu geben. Doch auch die beste künstlerische Ausführung sagt nichts über jenen aus, der dieses Holz so gut bearbeitet hat. Oder doch? Und wer hat veranlasst, dass dieses Holz als Baum gewachsen ist? Wie schon gesagt: vertrackt.

Am besten kann man etwas ausdrücken, *wenn man keine Worte benutzt*, denn dann wird alles klar und leuchtend. Die Dinge müssen aus sich heraus sprechen, wie sie sind. Gedanken haben diese Sprache nicht, denn wie das „Gedankenlied" sagt:

Tausend Gedanken, sie ziehen,
tausend Gedanken, sie fliehen.
Wer immer denkt vergisst,
dass Leben Handeln ist.

Gedanken sie ziehen im Kreis,
sie machen kalt uns und heiß,
trüben den klaren Blick,
lassen uns nichts zurück.

Gedanken, sie kreisen schnell,
verdunkeln das, was sonst hell,
verhindern alles Tun,
lassen das Handeln ruh'n.

Gedanken, sie töten in mir,
das Leben im Jetzt und Hier.
Gedanken fesseln mich
lassen mich dann im Stich.

Gedanken, so rosa, so rot,
sie sind des Lebendigen Tod.
Sie lassen nichts zurück,
nicht mal das kleinste Stück.

Tausend Gedanken, sie ziehen,
tausend Gedanken, sie fliehen.
Wer immer denkt vergisst,
dass Leben Handeln ist.

Um ohne Worte zu sprechen, um zu hören, was die Dinge ohne Worte sagen – ohne dass ich sie mir zurechtdenke –, muss man zaubern können. Zaubern ist die leichteste Sache der Welt. So wie Vladimir zaubern kann, so kann dies jeder, der dies möchte.

Ein grundsätzliches Problem ergibt sich jedoch: Zaubern kann man nicht lernen! Es hat nichts mit „Wissen" zu tun. Man kann nicht sagen: Ich mache dies und das und dann kann ich zaubern; oder: ich lese dieses und jenes Buch, dann weiß ich, wie man zaubert. Ich kann zu keinem Meister gehen und zaubern lernen (wenn er sagt, man könne es bei ihm lernen, dann nehme Reißaus). Es nutzt auch nichts, wenn ich weiß, dass Buddha zaubern konnte oder Jesus oder Goethe oder Hermann Hesse oder Jiddu Krishnamurti. Auch wenn ich deren Schriften studiere, werde ich nicht zaubern lernen.

Warum ich dann diese kleine Anleitung zum Zaubern schreibe?

Wenn ich von dem Wort „lernen" die Hülle entferne, stoße ich zum Wortinhalt vor. Ich lerne, indem ich erfühle, ahne, spüre, erkenne, verstehe. Die Hilfskonstruktion „be-greifen" zeigt den Weg: Ich lerne durch greifen, ich bin ergriffen. Ich greife und es greift nach mir.

Ich kann nur zaubern lernen, wenn ich nach mir greifen lasse. Wer nach mir greift? Ich selbst. Es ist da keiner, den ich bitten könnte!

Wenn ich in meiner Person, die ich da zwicken kann, die andere sehe, die ich *auch* bin, dann ist der Weg schon geebnet. Diese 'andere' Person ist in jedem vorhanden. Sie ist meist nur verbaut, eingesperrt, unsichtbar. Spüren, ahnen und sogar fühlen tut sie jeder, nur fehlt der Zusammenhang, das Gefühl für das tatsächliche Selbst. Es fehlt das Erkennen, dass jeder von uns so einen kleinen Vladimir in sich trägt.

Auf diesem Weg, der zu mir selbst führt, muss ich noch allerlei auf den Kopf stellen, muss ich mich selbst auf den Kopf stellen und dabei richtig schütteln – aber das macht großen Spaß.

Zaubern können heißt, die verlorenen Zusammenhänge finden. Zaubern heißt, nichts mehr so sehen, wie ich es bis jetzt gesehen habe; nichts mehr so glauben, wie ich es bis jetzt geglaubt habe; nichts mehr so fühlen, wie ich es bis jetzt gefühlt habe. Zaubern – eine herrliche Angelegenheit.

Der Fall

Dass es wie eine Spirale war, weiß ich heute noch ganz genau, denn ich kann mich präzise an das langsame Drehen meines Körpers erinnern und an einen Lichtkegel.

Dann kam der Schlag. Er wirbelte mich, als hätte mich an der Seite ein Felsblock gerammt. Hilflos ruderte ich mit den Armen. Es schien, als drehte ich gleichzeitig um meine Längs- und um meine Querachse. Dann wurde ich nach unten gezogen.

Mein Seil! Es war das einzige, was ich greifen konnte. Irgendwie hatte ich mich darin verheddert, ich schien umwickelt. Beim Fallen versuchte ich an ihm zu ziehen, aber es war glitschig und ließ sich nicht greifen.

Dann kam ein langer Tunnel: Mit meinem ganzen Körper wurde ich, den Kopf zuerst, mit unglaublicher Wucht hindurchgepresst. Der freie Fall nach unten war sehr kurz, dann wurde es eng: mein Körper passte gerade hindurch, so, dass er ringsum dabei noch zusammengedrückt wurde. Die Schnur schien mich zusätzlich einzuschnüren.

Es waren fürchterliche Sekunden. Alles ging so schnell und mich durchzuckte nur ein Gedanke: 'Jetzt musst du sterben'.

Aber es kam noch viel schlimmer: Wasser schob mich auf einmal von hinten, die Haut schmerzte und dann kam der Wall. Die Röhre hatte eine Verengung, durch die ich unmöglich hindurch konnte.

Aber die Wucht des Wassers, die mich nach unten drückte, schob mich näher und näher. Ich meinte zu schreien. Große kreisende Kringel tanzten vor meinen Augen, Farben blitzten auf, schossen nach allen Seiten, wie ein riesiges Feuerwerk. Dann ein brennender Schmerz , an der Stirn, um die Augen, an den Schläfen. Ich hatte ein Gefühl, als sei ich fast schon tot; im Höhlenwasser verbrannt und gleichzeitig zerquetscht!

Dann die Erleichterung, wenn man überhaupt von so etwas in dieser Situation reden oder denken kann: Ich war durch den Wall hindurch. Und ich lebte noch! Jedenfalls hatte ich noch Bewusstsein. Was mit dem Körper war, daran dachte ich nicht.

Zum Denken war auch ganz und gar keine Zeit, denn schon nahte der zweite enge Ring, durch den ich hindurch musste, sollte ich nicht stecken bleiben und in dieser Röhre elendiglich verenden.

Es ist scheußlich, kämpft man einen solchen Kampf. Und man weiß nicht, warum. Von Wissen kann sowieso keine Rede sein. Ein dumpfes Gefühl von 'geworfen sein' vielleicht. Geworfen wohin? Schmerz ist da und grauenvolles Angsterleben. Der Körper glüht, ist wie eingerollt, scheint in seiner Außenhaut aufgesplittert zu werden.

Es gibt kein Öffnen der Augen, es gibt kein befreiendes Durchatmen nach dem bösen Traum. Die Höllenfahrt geht weiter, geschieht, und ich kann nur Schmerz fühlen, und Verlorensein.

Das Durchzwängen durch den zweiten Ring kann ich nicht mehr beschreiben. Das Bewusstsein wird schwächer, die Qual macht mich ergeben.

Die weiche, abgefederte „Landung" kann ich lange nicht begreifen. In Halbbewusstsein liege ich da, geschunden, gequetscht, hingeworfen. Lange Zeit mache ich meine Augen überhaupt nicht auf, denn wer weiß, wenn dies die Hölle ist, dann geht der Schmerz vielleicht weiter.

Was in mein Bewusstsein dringt ist ein Gluggern und Blubbern, Töne, die ich kenne, Verdauungsgeräusche. Sonst unendliche Stille. Da, noch ein Säuseln, als würden sich Blätter im leichten Winde wiegen

Ganz vorsichtig bewegte ich meine Augenlider. Was ich verschwommen zu sehen glaube sind Farben: rot, orange, gelb und etwas blau. Die Farben scheinen einen großen Raum auszufüllen. Sie sind angenehm und formen Figuren und Kreise. Ein riesengroßes Farbspiel, in welchem die Farben rot und orange vorherrschen. Erstaunt öffne ich die Augen. Eigentlich ist diese Höhle fast dunkel, aber es ergießen sich Farben über Farben.

Es ist angenehm warm und das Leben fließt in mich zurück. Bewegungslos taste ich mit meinem inneren Auge die Gliedmaßen ab und stelle fest, dass sie noch alle vorhanden sind.

Das Säuseln wird zu angenehmem Tönen, welches mich aufhorchen lässt. Mein weicher Untergrund bewegt sich. „Du bist da", höre ich da eine warme, freundliche Stimme flüstern, „du bist endlich da!

Die Ankunfts-Höhle

„*Wer* bin ich, *wo* bin ich", höre ich mich laut sagen.

Zwei große, gütige Augen blicken zu mir herunter: „Ich werde dir alle Fragen beantworten, die du stellst, bis auf diese", antwortet Nana mit klarer, singender Stimme, „und diese stellst du ausgerechnet als erste.

Die Antwort auf diese Frage ist die einzige Antwort, die du dir selbst geben musst. Vielleicht soll ich so antworten: Schaue und fühle. Ziehe dich selbst zu Rate. Sprich auch mit deinen Augen, mit deinem Mund, mit deinen Ohren, mit deinen Fingern. Sprich mit deinen Körperzellen, sprich mit dem Universum und du wirst jede Antwort finden."

„Du sprichst ja wie im Rätsel", höre ich mich sagen.

„Du hast recht", entgegnet Nana, „hier ist uraltes Rätsel und gleichzeitig völlige Klarheit. Hier ist Nacht und gleichzeitig Tag, hier ist unten und gleichzeitig oben, hier ist gut und gleichzeitig böse, hier ist links und gleichzeitig rechts."

„Ist hier auch nichts und gleichzeitig alles?", höre ich mich fragen.

Nanas Lachen ist wie ein Donnergrollen, nur wesentlich höher im Ton. Sie scheint sich zu schütteln, gluckst und lacht: „Menschenkind, du denkst ja mit, du kannst ja folgen, das ist mir eine Freude!": Sie haut sich mit einer Hand auf den Schenkel, dorthin, wo ich vor kurzem noch gelegen hatte und fährt fort: „Du, Vladimir, machst mir Freude, denn Antwort geben ist meine Spezialität. Aber Antworten geben macht erst richtig Spaß, wenn sie jemand auch hört. Richtig hört. Und hören können eigentlich nur Kinder. Du bist ein Kind. Du bist gerade angekommen".

„Wo bin ich angekommen?" „*Dass* du angekommen bist, ist wichtig. Du bist jetzt da, es gibt dich, du hast hoffentlich warm, nicht nur innen."

In diesem Moment greift Nana nach mir, zieht mich an ihren warmen Körper und ihre Haut lässt mich wunderbar erzittern. Sie verschränkt die Arme um mich und als ich in ihre Augen schaue, meine ich, mich in Wärme und Wohligkeit aufzulösen. Als wäre ich gar nicht mehr ich, fühle ich nur grenzenloses Wohlsein. Habe ich eben ganz leise etwas gesagt, geflüstert? Ich höre mich, fast lautlos, „Nana, Nana" sagen. Ihre grenzenlos gütigen Augen sind wie in mir und da höre ich uns singen. Ganz leise, ganz sanft:

„Kind ist angelandet,
Kind ist jetzt bei mir,
Kind ist angestrandet,
danke, Kind, dafür.

Kind ging Weg und Stege,
ewig war es fort,
fand die richtigen Wege
ist am rechten Ort.

Konnt' vom Kindlein träumen,
lange, lange Zeit,

durfte es nicht versäumen -
jetzt ist es soweit.

Ewigkeiten finden
zueinander, ja,
ewig kann nichts binden –
doch jetzt bist du da!

„Kind ist angelandet,
Kindlein ist bei mir,
Kind ist angestrandet,
danke, Kind, dafür.

Die Glücks-Höhle

Wie lange etwas dauert oder ist, hat nichts mit dem Ticken einer Uhr zu tun. Wir singen, wir summen, wir haben es warm, wir trinken, wir schlummern, wir sind.

Es gibt nichts außer dem Wir, dem Sein, dem Ist. Es gibt Bilder, farbiger, schwingender Nebel; es gibt Kreise, Bögen. Und immer wieder auf- und abwehende Farben. Helligkeit ist da und Dunkelheit. Aber immer ist Wärme da und Summen. Oft ist Bewegung da.

Wenn ich meine Augen öffne, meine ich mich selbst zu sehen, meine Augen, meinen Mund. Und um mich sind immer diese wunderbaren Farben.

Oft sage ich „Nana" und immer höre ich dann etwas. Es tut mir gut, was ich höre. Und jene zwei Augen, die zu dieser Stimme gehören, sind wie wunderbare Sterne. Sie dringen tief in mich ein und verschmelzen immer wieder mit mir und dieser Stimme, die auch meine Stimme ist. Oft singen wir auch dieses Lied:

Von Ewigkeiten kommend,
zu Ewigkeiten geh'n
dazwischen liegt dies Leben,
mein Gott, wie ist das schön.

Wenn alle Sterne leuchten
und lächelnd ruft der Mond,

dann wissen auch wir beide,
wer in der Sonne wohnt.

Ja, wenn die Erde atmet
und leise summt der Wind,
dann lauschen wir all' jenen,
die unsere Schwestern sind.

Wir beide sind gewesen
schon in der fernen Zeit
nun haben wir uns wieder
für unsere Ewigkeit.

Von alten Zeiten kommend,
zu neuen Zeiten gehn,
dazwischen liegt dies Leben,
mein Gott, wie ist das schön.

Das Leben in der Glücks-Höhle ist das Festhalten der Sterne, ist das Strahlen der Sonne, die Wärme einer heißen, sprudelnden Quelle. Eigentlich gibt es *mich* überhaupt noch nicht. Es gibt mich nur, wenn ich *dich* sehe, ich spüre mich nur, wenn ich *dich* spüre. *Wir* sind ich. Wir sind die Welt!

Die Fühl-Höhle

Irgendwann zieht sich der farbige Schleier zurück und ich sehe große, bewegliche Schatten vor mir. Sie sind länglich und wie ich will, biegen sie sich. Wenn ich sie ausstrecke, kann ich mit ihnen vor meinen Augen hin- oder herfahren. Licht und Schatten wechseln schnell ab. Ich kann sie zusammen- und auseinander rollen. Diese Schattendinger gehören zu mir und gehorchen mir. Ich kann mir etwas denken und sie tun es. Sogar in den Mund kann ich sie stecken, eines nach dem anderen.

Ich schmecke nicht nur mich selbst, ich fühle einen Teil von mir, wie etwas anderes und doch ganz und gar nichts anderes. Eine aufregende Sache. Nana, Nana, etwas tut *anders* gut, etwas *kommt* zu mir. Es ist nicht schon da, es kommt dazu! Mir wird fast schwindelig vor Aufregung. Jetzt greifen diese Dinge von der anderen Seite zu mir, in meinen Mund.

Es ist ein gänzlich neues Gefühl. Als tue *ich* etwas, als fühle *ich* mich selbst.

„Vladimir spielt mit seinen Fingern", höre ich da Nana rufen und es tut unvermittelt einen lauten Klatsch, als hätte sie in die Hände geschlagen. Dies kenne ich gut. Es ist der Schlusspunkt eines Vibrierens, das durch den ganzen Körper zieht. Es beginnt ganz unten und steigert sich nach oben. Die freudigen Wellen brechen sich am Schluss in einem lauten Schlag. Das Glück wird weit nach außen getragen. Früher spürte ich diesen Schlag schon vorher, da kam er nicht so unvermittelt, ich erlebte, wie er sich entwickelte. Dabei machte ich dann immer vor Freude eine Rolle vorwärts.

Nana ist aus dem Häuschen. Sie ruft wieder: „Das Kind spielt mit seinen Fingern". Und: „Mein Kind hat sich entdeckt!" In ihrer gewohnten Art greift sie nach mir, zieht mich hoch zu sich und beginnt mit mir zu hüpfen. Es scheint mir, als ertöne eine Musik und wir tanzen.

'Finger' hat Nana gesagt. Und sie zupft mich an den Fingern und dreht sich dabei und singt. Ich höre ihr Herz schlagen, strecke meine Finger nach ihr aus, berühre sie in der Nähe ihrer strahlenden Augen. Auch das ist ein ganz neues Gefühl.

Nana legt mich hin, ganz außer Atem, legt sich dazu, beugt ihren Kopf über mich, dass mir ihr Atem wie ein Sturm vorkommt und ich kann mit großer Lust in ihr Gesicht greifen.

Nana summt und ich meine, ihr Summen habe sich ein wenig verändert. Als wäre es etwas weiter weg als sonst. Ich kann Nana greifen. Sie ist dort und ich bin da. Was ist zwischen uns? Ein Schreck jagt mir durchs Herz: Nana ist nicht ich! Ich bin nicht Nana! Wer bin ich denn, wenn ich nicht Nana bin? Ich scheine zu zittern, denn die Stimme bricht ab und meine zwei Augen sind wieder über mir. Nana greift nach mir. Ich greife nach Nana. Ich kann sie fühlen, wunderbar fühlen. Wir liegen da und fühlen.

Nana nimmt meine Fingerchen in ihre große Patschhand und spielt mit ihnen. Als sie eines ihrer Lieder anstimmt, werde ich ruhig. Ich greife und greife und lausche der Melodie:

Händchen sind so winzig,
suchen hin und her
darf man niemals schlagen,
finden sonst nichts mehr.

Fingerchen, sie hüpfen,
sausen hin und her,
darf man niemals quälen,
fühlen sonst nichts mehr.

Fingerchen zum Biegen,
sind so zart gemacht,
darf man niemals brechen,
werden sehr bewacht.

Fingerchen zum Fühlen,
hast du stets dabei,
darf man niemals treten,
brechen sonst entzwei.

Händchen sind so winzig,
suchen hin und her
darf man niemals schlagen,
finden sonst nichts mehr.

Nana gibt mir etwas. Ich *habe* etwas. Es rasselt, wenn ich meine
Finger bewege. Es schmeckt nicht gut. Vor Schreck lasse ich es fal-

len. Schmecken. Ich schmecke etwas. So wie ich etwas sehe oder greife, so schmecke ich.

Ständig kann ich nach tollen Dingen greifen; runde, lange, dicke, dünne, flache, gebogene Dinge. Jedes sieht anders aus, jedes fühlt sich anders an, jedes schmeckt anders, jedes riecht anders. Ach, der Geruch, der Duft, er umgibt alles, er hängt in allem, er kommt und geht.

Nana freut sich mit mir, bringt ständig Neues, lässt mich auswählen, lässt verschwinden. Ich sehe es ihren Augen an, wenn wieder etwas Aufregendes kommt. Sie schauen listig und sprechen zu mir, sie foppen mich. Sie sagen mir, wenn es wieder aufregend wird, wenn etwas neu, etwas anders zu spüren ist oder wenn etwas Altgeliebtes kommt. Da springt schon vorher der Funke in meine Seele und sofort in meinen Körper. Die Seele vibriert und der Körper hüpft.

Wenn mich Nana anschaut, dann spüre ich ihre Seele. Dann durchfließt sie mich, dann sind wir wie wogendes Wasser, wie flutendes Licht. Seelen können sich umarmen, sie können fliegen und hüpfen und tollen ohne die geringste körperliche Bewegung. Und wir umarmen uns mit jedem Augenaufschlag.

Es ist furchtbar, wenn diese Augen ihren Glanz verlieren, wenn sie traurig werden, entsetzt, schmal, erschreckt. Dann muss ich alles fallen lassen, jeder Laut verstummt und mir ist, als schnüre sich mein Körper zusammen, als presse mich die eine Wand zur anderen. Seitdem dies geschehen ist, schiebe ich nicht mehr alles in den Mund, was ich greifen kann. Irgendetwas von einem wunderbar rasseligen Ding war in meinem Mund geblieben. Wohlig schob ich es von einer Seite auf die andere. Da war mir zum ersten Mal, als würden Nanas Augen verlöschen. Ein stummer Schrei der Angst, der mich erzittern ließ, durchbohrte mich.

Voller Entsetzen spuckte ich den Inhalt meines Mundes weit von mir. Ich zitterte und weinte. Ich muss lange geweint haben, denn Nana hat mir viele, viele Lieder gesungen. Eines klang besonders schön, aber ich habe es nicht verstanden:

Lieben und Lachen,
Kummer und Leid –
das alles ist Leben
zu seiner Zeit.

Auf geht's und ab
und her und hin –
nichts bleibt besteh'n,
so ist der Sinn.

Tanzen und singen,
glücklich und froh –
doch dann die Trauer,
das Leben ist so.

Hier oben, dort unten,
so gestern, so heut' –
des einen Leiden,
des anderen Freud.

Leben kann fliegen
und geht wieder hin –
des einen Tränen,
des andern Gewinn.

Lieben und Lachen,
Kummer und Leid –
das alles ist Leben
in seiner Zeit.

Jenes Erkennen ist seitdem in mir. Suchend gehen meine Augen zu Nana, wenn ich etwas greife, das ich nicht kenne. Nie mehr will ich diese Augen sehen. Das Wissen ist da, dass es sie gibt, dass sie wiederkommen können – und mit ihnen ein Gefühl von Schuld. Aber ich möchte niemals schuldig sein.

Die Krabbel-Höhle

Es ist ein ungeheures Erlebnis, als ich meinen großen Zeh in den Mund stecken kann. Er schmeckt wunderbar! Und als es mir gelingt, an großem Zeh und Daumen gleichzeitig zu lutschen, quiekt Nana und kugelt sich vor Lachen. Sie legt sich neben mich und probiert es auch. Mit der Hand klappt es, aber der Fuß scheint zu kurz zu sein. Nana stöhnt und ächzt und lacht dabei, aber ihr Fuß will nicht in ihren Mund.

„Ich kann es nicht, ich kann es nicht, mein Vladilein", ruft sie und schüttelt sich vor Lachen. Ich lache mit, denn es sieht furchtbar komisch aus; doch mitten im Lachen stocke ich: 'Ich kann etwas, was Nana nicht kann? Das ist nicht möglich.'

Entgeistert starre ich sie an. Nana schaut auf mein fragendes Gesicht, dann auf ihre zu kurzen Füße, setzt ihr Lachen fort und meint: „Nanas können nicht alles. Manche Sachen können Kinder besser." Dabei krabbelt sie jetzt auf allen Vieren um mich herum.

Ob ich das auch kann? Ich rolle mich auf den Bauch und mache es Nana nach.

Ich komme von hier nach dort! Arme und Beine bewegen sich gleichzeitig. Meine Geschwindigkeit wird ungeheuer! Ich muss Schreie ausstoßen, ich klackere und blubbere und immer wieder hin und her und rundherum. Nana ist einmal vor mir, einmal hinter mir und irgendwann fallen wir zusammen auf den Rücken. Gleich muss ich wieder los. Ein herrliches Gefühl! Drehe ich mich oder dreht sich die Welt? Alles dreht sich.

Ein ganzes Stück von Nana entfernt liege ich, nach Luft schnappend, auf meinem Bauch. Ich bin müde. Nana singt:

Krabbelkind,
komm geschwind,
Mama hält dich warm,
in ihrem Arm.

Krabbelkind,
komm geschwind,
du krabbelst in die Welt,
wie's dir gefällt.

Krabbelkind,
komm geschwind,
Mama liebt dich sehr,
lieben ist nicht schwer.

Krabbelkind,
komm geschwind,
es ist wunderschön,
in die Welt zu geh'n.

Krabbelkind,
komm geschwind,
krabble in dein Nest,
Mama hält dich fest.

Krabbelkind,
komm geschwind,
Mama hält dich warm
in ihrem Arm."

Die Hüpf-Höhle

Das, was ich später 'Zeit' nennen muss, vergeht. Wenn ich rück-
wärts krabble und mir mit den Händen einen Stoß gebe, kann ich
schon beinahe stehen. Immer höher komme ich hinauf. Eigentlich ist
Nana nicht mehr so riesengroß. Wird sie kleiner oder werde ich größer? Was tut sich da?

Und was kommt aus meinem Körper heraus? Ich will nicht mehr auf
dem Rücken liegen und an mir herumgewischt bekommen! Ich bin
überglücklich, als mich Nana auf ein Gefäß setzt. Ich kann dabei be-
obachten, was mit mir geschieht. Ich muss etwas von mir hergeben.
Nana will es haben. Das möchte ich eigentlich nicht. Aber Nana sagt
„bitte", wenn ich fertig bin und schaut mich dabei fragend an. Dann
lacht sie froh! Mein erstes Geschenk an Nana.

Und noch etwas kann ich hergeben: Worte. Sie formen sich und sind
da. Plötzlich kann ich Gedanken und Gefühle verpacken und an
Nana weitergeben. Und sie versteht diese!

Eine wunderbare Sache: Ich kann mir etwas ausdenken, dieses
Ausgedachte in ein Wort hineinstecken und dann losschicken. Nur
müssen die Worte zu den Gedanken passen oder umgekehrt, die
Gedanken zu den Worten. Deshalb muss ich viel üben. Ich übe und
übe! Manchmal ist es lustig: Wenn das Wort etwas anderes meint
als der Gedanke, da kann es sein, dass Nana weggeht, obwohl ich
will, dass sie herkommt; oder dass sie besorgt ist, obwohl ich möchte, dass sie lacht. Ein wunderbares Spiel, dieses 'Wörterbepacken'.

Dass es mit meinem Namen nicht klappt, ärgert mich, aber 'Ladi' geht schon.

Irgendwann, beim Üben, nehme ich einen weiten Anlauf auf Nana zu, stehe vor ihr frei auf meinen Füßen, schwinge die Arme und rufe: „Vladi!"

Nana macht einen riesengroßen Hüpfer zu mir hin, nimmt mich fest an den Händen, zieht mich hoch und wir hüpfen. Dabei erfindet Nana ein ganz neues Lied. Es ist mein erstes Lied, das ich lerne. Wir singen es oft, auch später noch. Es ist *unser Hüpflied:*

Kindlein in der Höhle,
hüpft und ist froh,
hüpft und ist froh,
wie das kleine Mäusemädchen
in ihrem Stroh,
wie das kleine Mäusemädchen,
in ihrem Stroh!

Kindlein in der Höhle,
hüpft und ist froh,
hüpft und ist froh,
wie der kleine Mäusepapa
in seinem Stroh!

Kindlein in der Höhle,
hüpft und ist froh,
hüpft und ist froh,

wie die kleine Mäuseoma
in ihrem Stroh!

Kindlein in der Höhle,
hüpft und ist froh,
hüpft und ist froh,
wie der kleine Mäuseopa
in seinem Stroh!

Kindlein in der Höhle,
hüpft und ist froh,
hüpft und ist froh,
wie der kleine Mäusejunge
in seinem Stroh!

Kindlein in der Höhle,
hüpft und ist froh,
hüpft und ist froh,
wie die kleine Mäusemama
in ihrem Stroh,
wie die kleine Mäusemama,
in ihrem Stroh!

Die Zauber-Höhle

Die Zauber-Zeit ist eine wunderbare Zeit. Man muss sehr früh damit beginnen, sonst ist es vergebens. Wenn man wartet, bis man zaubern lernen soll, ist es zu spät. Am besten beginnt man mit dem Zaubern, wenn man mit Gehen beginnt. Dann ist das Zaubern einfach so da.

Tut man dies nicht, muss man lange, lange warten, bis dies wieder möglich ist – wenn die Haare grau werden. Aber viele haben dann Kraft und Mut verloren. Wer mutlos ist, kann nicht zaubern. Auch wer Angst hat, kann nicht zaubern.

Ich jedenfalls kann schon ganz schön früh zaubern. Vielleicht liegt es auch an der Zauber-Höhle, in die ich mit Nana nun gehe.

Um in diese Höhle zu kommen, muss man an einer dunklen Wand vorbei. Nana meint: „Man kann schnell zum Zauber-Höhlen-Eingang und wieder zurück laufen". Sie hat da eine Idee. Sie zählt ab und wen die Zehn trifft, der rennt hin und schnell wieder zurück.

Ich bin erleichtert, als Nana zuerst rennen muss. Auch beim zweiten Mal trifft es sie. Beim dritten Mal kann ich schon mitzählen. Wir zählen langsam und ich weiß, dass *ich* jetzt drankomme:

Eins, zwei und drei,
drei ist mehr als zwei.

Zwei, drei und vier,
stehen vor der Tür.

Drei, vier und fünf,
laufen heut' auf Strümpf'.

Vier, fünf und sechs,
rufen nach der Hex'.

Fünf, sechs und sieben,
sind zu Haus' geblieben.

Sechs, sieben, acht,
haben Krach gemacht.

Sieben, acht und neun,
dürfen heut' sich freu'n.

Acht, neun und zehn,
wer zehn hat, der muss geh'n!

In der Zauber-Höhle stehen viele Büsche und Bäume. Wasser plätschert, Vögel zwitschern und es ist wunderbar hell. Nichts ist hier anders als auf einer Waldlichtung. Das Summen der Bienen, der feine Luftzug der Schmetterlinge, der die Staubgefäße klingen lässt, das Raspeln einer Grille, nichts deutet auf etwas Besonderes hin.

Ich bin schon sehr gut auf meinen Beinen und wandere mit Nana durch den Wald.

Dort, wo sich gerade ein flimmernder Sonnenstrahl auf dem Gras niederlässt, setzten wir uns dazu. Nana will mir etwas sagen:

Die Lektion vom Zaubern

Nana lehnt sich an einen Baumstamm und spricht:

„Zaubern ist leicht, weil Zaubern nichts anderes als Fühlen ist. Fühlen *von* Dingen und Fühlen *zu* Dingen. Und da alles das, was wir 'Ding' nennen, nur anders lebt als wir, können wir mit allen Dingen sprechen.

Natürlich nicht so, dass man Wörter bepackt und losschickt. Dieses umständliche Menschenverhalten ist nicht notwendig. Zauberer brauchen keine gesprochenen Worte, manchmal sogar keine Sprache. Beim Zaubern verbinden sich zwei Seelen. Sie treffen aufeinander, umschlingen sich und schwingen gleich. Ob diese zweite Seele ein Baum ist oder ein Stein oder ein Mensch, das ist gleich. Bäume und Menschen bewegen sich. Steine in der Regel nicht. Steine haben eben eine andere Seele. Man muss nur den Zauber kennen. Der ist so einfach, dass man ihn nicht zu lernen braucht.

Zaubern können heißt wissen. Das Wissen um die Dinge und um die Lebewesen, so wie sie tatsächlich sind. Nicht, wie wir sie uns erträumen, wie wir sie gerne hätten oder wie wir sie uns wünschen. Auch nicht, wie wir gesagt bekommen, dass sie seien. Wer weiß, braucht nichts mehr auswendig zu lernen. Wer weiß, braucht nichts mehr nachzusagen!

Zaubern können heißt auch 'sehen können'. Nicht nur das, was wir 'Ding' oder 'Körper' nennen. Auch das, was *um* den Körper ist, *den* Körper, der fast immer unsichtbar bleibt.

Wer richtig sehen kann, der versteht auch, weil 'verstehen' bedeutet, dass man etwas richtig sieht. Richtig sehen und richtig verstehen ist ein und dasselbe.

Die Menschen haben da viel durcheinander gebracht. Sie verwechseln ständig die Begriffe. Sie verwechseln auch dauernd das Wesentliche mit dem Nicht-Wesentlichen. Zauberer sehen klar. Deshalb sind sie ohne Angst. Zauberer leben mit allem Leben, deshalb sind sie auch nie allein. Wir müssen alle Zauberer werden."

Ich spüre, dass ich den Mund weit aufsperre. Noch nie hat Nana so lange und so ernst zu mir geredet. 'Eigentlich müsste jetzt ein Zauberlied kommen', denke ich, aber Nana streckt sich müde aus. „Lass mich schlafen", sagt sie gähnend, „ich habe so viel geredet. Schaue dich um und nimm dir viel Zeit."

Zeit ist wie das Rascheln der Bäume oder ein Sonnenstrahl. Sie ist auf einmal da. Wie damals plötzlich die Rassel da war. Jetzt ist plötzlich die Zeit da. Seit ich gehen kann. Seit diesem Moment gibt es für mich die Zeit, seit ich von einem Ort zum anderen kann: Ich gehe von hier nach da, das braucht seine Zeit.

Lässt sich Zeit eigentlich nehmen, wie ich einen Apfel nehme? Oder ist Zeit nur deshalb da , weil *ich* da bin?

Ich habe große Lust, Nana danach zu fragen, lasse es aber; sie schläft so wunderschön.

Mein Zauberbaum

Freundliche Bäume sind hier überall. Sie begrüßen mich. Sie sprechen mich auf ihre Art an und geben sich zu erkennen. Besonders gut kann ich sie hören, wenn ich meine Hände öffne und diese leicht nach vorne strecke. Die Botschaften der Bäume treffen mich dann deutlich. Schnell lerne ich, sie zu unterscheiden. Ich gehe von Baum zu Baum und lasse mich ansprechen: Eichen sprechen anders als Buchen, Pappeln gänzlich anders als Tannen und so geht es fort!

Mitten auf einer Waldlichtung steht ein Baum, der sich deutlich von all den anderen unterscheidet. Er steht allein. Sein dicker, dunkler Stamm ist aber nur mannshoch. Wo er sich in mächtige Äste aufteilt, hat er eine Art Innenraum geschaffen, ein wunderbarer Platz zum Sitzen. Vorsichtig strecke ich meine Hände vor und obwohl noch die halbe Wiese zwischen uns ist, höre ich ihn deutlicher rufen als all' die anderen Bäume. Es ist eine Hainbuche, eine alte, Hainbuche, die mich anspricht.

„Bist du mein Zauberbaum?", frage ich. „Ja", antwortet die Hainbuche, „ich habe auf dich gewartet. Ich wusste, dass du kommst. Ich habe dir einen Platz gelassen, damit wir uns ganz nahe sind."

Ich umarme den Stamm der Hainbuche und sage: „Ich bin ein ganz junger Mensch. Kannst du mich etwas lehren?" „Ja", antwortet der Baum, „merkst du, wie wir gleich schwingen? Was gleich schwingt, das mag sich, was gleich schwingt, das braucht sich, was gleich schwingt, das liebt sich."

„Ich bin bei dir", sage ich, „ich habe viel Zeit." „Zeit", entgegnet die Hainbuche, „gibt es nicht. Sie ist eine der vielen Einbildungen, welche die Menschen haben. Aber – wenn du mit mir sprechen kannst, dann bist du ja schon ein Zauberer!"

„Ich bin ein ganz junger Zauberer."

Die Hainbuche rauscht mit ihren Ästen und Zweigen:

„Alter, so meinen die Menschen, hat mit 'Zeit' zu tun. Das ist ganz falsch. Ob du das bist, was man 'jung ' nennt so wie du, oder das, was man 'alt' nennt, so wie ich, ist gänzlich ohne Belang. Wichtig ist nur, ob du lebst. Ob du jetzt und hier lebst, in diesem Augenblick. Nur jeweils dieser Moment, in dem das Auge blickt, dieser 'Augenblick', jener Strahl der erkennt, das ist Zeit. Nichts vorher und nichts nachher."

„Aber", sage ich, „als ich von meiner schlafenden Nana wegging, hierher zu dir, da ist doch Zeit vergangen?"

„Falsch gedacht, junger Zauberer", sagt die Hainbuche, „Zeit kann nicht kommen, Zeit kann nicht gehen. Zeit hat keinerlei Bewegung. Immer nur dieser eine Moment - klick - das ist Zeit. Es besteht keine Zeitverbindung mehr zu deiner schlafenden Nana, außer die der Erinnerung".

„Aber ich gehe später wieder zu ihr hin. Nichts weiß ich so sicher wie das!", rufe ich.

„Nichts weißt du, kleiner Mensch", antwortet gütig die Hainbuche, „und *sicher* weißt du schon gar nichts. Das, was du *sicher* nennst ist eine Hoffnung, eine Planung. Eine Planung in eine Zeit, die es *jetzt* noch nicht gibt. Leben ist jetzt – und immer nur jetzt. Das ist das Wissen, das ein Zauberer haben muss."

Die ganze Zeit des Gespräches umarme ich die Hainbuche. Nun steige ich hoch. Ein wunderbarer Platz: Ich sitze inmitten meines Zauberbaumes und spüre ihn rundherum sprechen! „Rede weiter zu mir, mein Zauberbaum", sage ich, „erzähle mir alles über Zauberer, ich weiß so wenig davon".

Ich lehne mich wohlig zurück. Es ist fast so, als liege ich bei Nana. Ich denke an sie und weiß, dass sie nicht da ist. Ich bin von ihr getrennt, das erste Mal ohne sie. Aber ich kann mich ja zu ihr hindenken! Wenn ich mich hindenke, ist ein Teil von mir bei ihr. Ich muss sie mir nur vorstellen. Dann trifft mein Gedankenstrahl. Dieser schwingt auf sie zu. Ich spüre, wenn sie sich treffen. Eine wunderbare Möglichkeit. Ich nutze sie und schon bin ich bei ihr!

Es ist ein neues, unerhörtes Gefühl: Nicht mehr hingreifen, sondern hindenken, hinschwingen, hinfühlen.

Ich atme tief durch. Es steigt da trotzdem etwas auf, das ich nicht kenne. Ich spüre einen Druck, wie einen dicken Kloß im Bauch, der sich langsam nach oben bewegt. Leicht krümmt sich mein Oberkörper, ungewohnt beklemmt, eingeengt. Ich atme weiter tief durch, sauge die Luft ein, bis ich zu platzen drohe und stoße sie mit einem Schlag wieder aus. Ich lasse mich leer laufen und atme wiederum bis es nicht weiter geht. Auf und ab wogt mein Oberkörper und kämpft gegen das fremde, irgendwie taube Gefühl.

Warum Zauberer gesund sind

Immer weiter atme ich tief und lang, da höre ich durch den schweren Atem meine Hainbuche sprechen:

„Vladimir", sagt sie, „du besiegst gerade die Angst in dir, weißt du das?"

„Nein", antworte ich, „ist das Angst, was mich so bedrückt?"

„Ja", erwidert der Baum; „Angst macht starr, Angst lähmt, Angst macht bewegungslos. Wer viel Angst hat, lebt nicht mehr richtig. Angst ist eine schreckliche Menschenkrankheit".

„Eine Krankheit, was ist eine Krankheit", muss ich fragen.

„Krankheit ist, wenn die Seele nicht mehr atmen kann. Wenn die Seele eingeschnürt wird und zu schrumpfen scheint, spürt dies der Körper und wird krank. Erst wird das, was wir Psyche nennen, krank, dann der Körper. Die Menschen haben viele Krankheiten. Ihr Körper funktioniert dann nicht mehr richtig. Zauberer können nicht krank werden, weil sie keine Angst haben. Und wenn die Angst kommt, besiegen sie diese."

Jetzt bin ich etwas verwirrt. Das mit der Angst verstehe ich nicht richtig. Ich habe keine Angst und trotzdem kann sie kommen?

Mein Freund, der Baum hat meine Gedanken verstanden und antwortet:

„Es gibt zwei Arten von Angst, die eingebildete und die wirkliche, die vor einer Gefahr warnt. Die wirkliche kann man besiegen. Man kann, durch die Angst gewarnt, eine Gefahr umgehen oder vermeiden. Ist dies nicht möglich, muss man den Kampf mit ihr aufnehmen. Ein Zauberer gewinnt diesen Kampf immer. Er ist auf der Seite des Lebens".

„Und die eingebildete Angst?"

„Dies ist die Angst der Menschen. Kein Baum hat diese Angst, kein Frosch, kein Kuckuck, kein Fuchs und keine Möwe. Die Menschen haben den Boden unter den Füßen verloren. Sie wissen nicht mehr, wo sie herkommen, sie wissen nicht mehr, wo sie hingehen. Die Menschen wissen überhaupt nichts mehr. Deshalb haben sie vor allem Angst, deshalb sind sie krank."

Die Hainbuche verstummt. Mir ist auch nicht mehr nach Hören oder nach Reden zumute. Ein Summen durchzieht mich, als höre ich von weit, von ganz weit Nanas Stimme. Was sagte die Hainbuche? 'Was gleich schwingt, das sucht sich, was gleich schwingt, das findet sich, was gleich schwingt, das liebt sich'. Und wie ich meine ferne Nana liebe! Meine Gedanken gleiten zu ihr hin und da schwingt es zurück – Nana schickt mir ein Lied!:

Wildgänse fliegen über's Land,
mit weiten, weichen Schwingen,
gleich einem langen Zauberband
und rauhem Gänsesingen.

Die Füchse tragen Winterkleid,
kein Blatt mehr an den Linden.
Für Heimatsucher wird es Zeit,
nun einen Platz zu finden.

Ganz tief in Dir ist immer Raum,
ist Heimat durch die Zeiten.
Grad wie im alten, alten Baum,
spürst Du die Ewigkeiten.

Ganz tief in Dir lebt alles Sein,
das Nahe und das Ferne.
Und niemals mehr bist Du allein:
Schau dort, Millionen Sterne.

Ganz tief in Dir bist immer Du,
auch die, die immer waren.
D'rum schweige still und höre zu,
lass' Deine Ängste fahren.

Wildgänse fliegen übers Land,
mit weiten, weichen Schwingen,
gleich einem langen Zauberband
und rauhem Gänsesingen.

Die Angst ist besiegt. Ich fühle mich froh, aber unendlich müde.
Noch ein letzter Gedanke an Nana und ich schlafe tief und fest in
meinem Baum.

Als ich aufwache, muss ich mich in meinen Arm kneifen. Bin Ich noch Ich? Bin ich noch der Vladimir, den ich kenne? Was ist geschehen? Was hat sich verändert? Die Hainbuche lacht:

„Du warst sehr lange bei mir", sagt sie. „Ich habe die ganze Zeit in dich hineingehört, du gibst mir Kraft. Diese wird da sein, wenn du jetzt gehst, sie gehört nun zu mir. Du bist zu meinem Teil geworden und ich zu deinem."

„Dann ist dies *deine* Kraft, die ich in mir spüre, Hainbuche", frage ich staunend.

„Ja, ich habe dir meine Kraft gegeben. Kraft, die du für Deinen Weg brauchst. Es ist die Kraft aller Hainbuchen. Es ist die Kraft aller Bäume. Es ist die Kraft des Lebendigen! Es ist die Kraft deiner Heimat."

„Was ist Heimat?", frage ich. Die Hainbuche antwortet:

Heimat

Heimat ist der Platz, an dem ich glücklich bin.
Sie ist die Erinnerung an eine glückliche Zeit.
Sie ist der Duft, der Geruch, das Fühlen früherer Tage und Nächte.
Heimat, nicht nur ein Ort?
Nein, kein Ort, kein Platz, keine bekannte Umgebung, kein 'Ding'.
Heimat ist in mir, tief in mir oder nirgends.
Sie ist der blutrote Sonnenuntergang,
Das fahle Licht des Mondes,
Das Lachen der Kinder,

Das Raunen der Gräser,

Das Flimmern der Luft

Unter jedem Baum dieser Welt.

Mit freier Seele ist Heimat überall,

Wo der Wind uns hinträgt.

Brüder und Schwestern

Sind schon dort,

Bevor der erste Sonnenstrahl fällt.

Das Glück der Heimat.

Das Glück der Seele.

Warum Zauberer glücklich sind

„Da du jetzt von mir gehst", sagt die Hainbuche, „will ich dir ein Geheimnis verraten. Das Geheimnis vom Glück. Es ist eigentlich ein offenes Geheimnis. Es ist für jeden da, der es begreift".

„Erzähle mir vom Glück, bevor ich zurückgehe", sage ich, „ich weiß nichts davon, da ich vom Unglück nichts weiß."

„Unglück ist wie Angst", antwortet die Hainbuche, „es kommt irgendwann und du musst bereit sein. Unglück kommt und geht, Glück nicht. Glücklich sein ist einfach da. Natürlich einmal mehr und einmal weniger. Glücklichsein schwingt wie alles andere auch. Es gibt oben und unten, *aber dies ist.*"

„Sind Zauberer glücklich?", frage ich.

„Zauberer sind deshalb glücklich, weil sie das Leben erkennen. Im Sandkorn wie im Grashalm, im Tier wie im Menschen. Alles ist wie es ist. Alles ist gut, wie es ist. Alles ist mit allem verbunden, jeder gehört dazu, jeder gehört zu allem. Auch die Sonne, auch der Mond, auch die Sterne.

Alles was lebt hat eine Seele.
Alles was lebt hat ein Bewusstsein.
Steine und Berge und Felsen und Erde
haben in sich kleine Einheiten von Bewusstsein.

Gräser und Büsche und Blumen
und Bäume haben in sich
größere Einheiten von Bewusstsein.

Diese werden diese immer größer,
bis hin zum vollbewussten Menschenkind.

Dieses kann wieder eins werden
mit Steinen, Bergen, Felsen und Erde,
mit Gräsern, Büschen, Blumen und Bäumen,
mit allem was lebt …"

„Dann ist niemand einsam?", frage ich weiter.

„Niemand ist allein. Wir sind alle Kinder des Universums, wir sind alle Kinder der Sonne. Wir essen Sonne, wir trinken Sonne, wir sind Sonne. Jeder nur ein wenig anders. Und weil wir alle Schwestern oder Brüder sind, haben wir keine Angst voreinander. Angst hat man nur vor dem Fremden. Für uns Zauberer gibt es keine Fremden und nichts Fremdes. Und wer keine Angst hat, der kann glücklich sein."

„So einfach ist das, Hainbuche, so einfach?", frage ich.

„Ja", sagt sie, „alle großartigen Dinge sind gänzlich einfach. Wir Zauberer müssen dies weitersingen, weiterschwingen, weitergeben, weiterleben. Weitersagen hilft wenig. Worte sind leer. Worte sagen oft das Gegenteil dessen, was sie bedeuten. Benutze so wenig Worte wie möglich."

„Aber es gibt doch noch Menschen, die Worte verstehen", gebe ich zu bedenken.

„Für diese versuche ich, all das, was zwischen uns ist, und das weiter sein wird, in Worte zu fassen. Präge sie dir ein, vielleicht kannst du sie an die Menschen weitergeben. Vielleicht sind dann deine Haare schon grau und du bist bereits ein alter Zauberer geworden. Aber du weißt ja, für uns gibt es keine Zeit – wir sind ewig."

Die Hainbuche verstummt und mit dem Rauschen der Blätter und dem leichten Reiben der Zweige aneinander formen sich Worte: Die Botschaft an uns Menschen.

Wir kommen von Ewigkeiten
Und gehen wieder dorthin,
Wir sahen schon viele Zeiten
Das ist des Werdens Sinn.

Wir waren in allem Leben,
Das diese Erde je sah,
Wir sind das Ewige Streben,
Sind das, was immer geschah.

Wir kennen die Ewigkeiten
Und sterben ist ein Gewinn,
Erst blühende Wiesen beschreiten
Dann gehen – so ist der Sinn.

Wir waren vor Zeiten Steine,
Als diese Erde begann,
Wenn heut' wir vor Trauer weinen,
Dann denken wir daran:

Wir kommen von Ewigkeiten
Und gehen wieder dorthin,
Wir waren schon viele Zeiten
Das ist des Vergehens Sinn

Meine Rückkehr zu Nana ist wie ein Fest. Ich lache, ich singe, ich tanze, ich springe. Ich falle ihr um den Hals, lasse mich drücken und auch ich drücke sie immer und immer wieder.

Erst als meine Erregung nachlässt, merke ich, dass Nana's Augen zwar mitlachen, aber trotzdem anders sind. Ich spüre eine Traurigkeit, die ich ganz und gar nicht begreife. Ich war weg und bin wieder zurückgekommen. Ich habe den Beginn einer neuen Welt gespürt und kann schreien vor Kraft und vor Glück.

„Schrei", sagt Nana. „schreie deine Freude hinaus, die Welt soll dich hören. Die Welt soll wissen, dass du kommst."

Ich verstehe ganz und gar nicht, was sie meint. Ich drücke sie, drücke sie fest. „Ich liebe dich", sage ich. Ich sage zum ersten Mal in vollem Bewusstsein: „Ich liebe dich."

Nana erzittert. Sie zittert wie ein verwundetes Tier und schaut mich mit Augen an, die ich nicht beschreiben kann. Die Augen lassen mich erschauern. Hier ist nicht mehr die große, mächtige, starke

Nana. Vor mir hockt eine kleine, traurige, ein wenig verlorene Nana, die ich trösten muss. Wir lachen dabei, wir herzen uns, wir weinen. Ich bin jetzt so groß wie Nana, sie ist so klein wie ich. Wir halten uns fest, wir krallen uns ineinander. Wir drücken uns stumm, als ginge es um unser Leben.

Die Antwort-Höhle oder: Von den Menschen

„Ich muss noch so viel wissen, Nana", beginne ich leise das Gespräch nach langem, langem Schweigen.

„Das ist richtig", antwortet Nana, „aber dies ergibt sich. Das Wissen baut sich aufeinander auf. Wichtig ist das Fundament. Die Grundlage, auf welcher sich Wissen aufbaut, ist wichtig. Was dann kommt, ist leicht, oft ein Kinderspiel."

„Weiß ich davon?", frage ich.

„Von jenem Ur-Grund weißt du schon sehr viel, Vladimir, mehr als die meisten Menschen", meint Nana.

„Sage mir alles", flüstere ich, „ich will alles wissen."

„Ich gebe alles an dich weiter, mein lieber Vladimir, alles was *ich* weiß. Damit musst dann *du* beginnen".

„Wie ist das", will ich wissen, „mit der Verbindung zu allem, was lebt. Man ist niemals allein? Man ist niemals ohne Hilfe?"

„Merke dir folgende Worte, schreibe sie dir auf, grabe sie in dir ein, für Zeiten, in denen du sie brauchen wirst. Vergiss sie nie:

Wir sind nicht hilflos.
Und.
Wir sind auch nicht ausgeliefert.

Wir sind traurig – manchmal.

Wir weinen oder schreien – manchmal.

Wir könnten uns zerreißen – manchmal.

Wir möchten durch die Wand – manchmal.

Wir haben Angst – manchmal.

Wir möchten nur lieben – manchmal.

Aber:

Wir sind nicht hilflos.

Und niemals ausgeliefert!"

Nana fährt fort:

„Jeder Zauberer weiß, dass von jeder Wahrheit auch ihr Gegenteil wahr ist. Wir sind mit allem Lebendigen verbunden und trotzdem sehr – sehr allein. Deshalb müssen wir stark werden. 'Keine Angst haben' ist der Anfang von 'sehr stark werden'. Das Ziel von 'stark sein' heißt 'große Kraft haben'. Hier werden von den Menschen ebenfalls die Begriffe verwechselt. Sie meinen etwas zu sein, wenn sie viel haben. Große Kraft kann man nicht kaufen."

„Alles das hat man oder hat man nicht?", frage ich.

„Nichts kann man jedenfalls von dem kaufen, was man braucht, um keine Angst zu haben, was man braucht um glücklich zu sein, was man braucht um Kraft zu haben."

„Warum, Nana, ist diese Kraft so wichtig?"

„Weil du widerstehen musst, weil du *nein* sagen musst. Wenn deine Kraft zu schwach ist, wirst du nicht zu dir selbst finden. Du wirst auf dem Weg stecken bleiben und die Meinungen anderer übernehmen müssen."

„Ist dies schlecht?"

„Nicht unbedingt – wenn die eigene Kraft nicht reicht, ist es allemal besser, andere Vorstellungen zu übernehmen, damit man nicht in die Hoffnungslosigkeit fällt. Alle großen Menschenvereinigungen sind Gemeinschaften gegen die Angst, sind Zusammenschlüsse gegen die Hoffnungslosigkeit."

„Heißt das", so frage ich Nana, „dass die Menschen lieber das nachsprechen, was *andere* vorsprechen, als selbst zu sprechen?"

„Selbst zu sprechen erfordert Mut. Wenn man diesen nicht hat, spricht man lieber nach als sprachlos zu werden."

Mir rutscht allmählich das Herz in die Hosentasche: „Wem oder was muss ich denn widerstehen, Nana?", frage ich in einem Anflug von Ängstlichkeit. Nanas Augen scheinen in weite Ferne zu rücken. Obwohl sie ihren herrlichen Glanz nicht verlieren, sieht sie wohl böse Dinge:

„Fast allem, was dir begegnet.", antwortet sie. „Aber es gibt eine ganz und gar einfache Prüfungsfrage für dich, die du dir immer stellen sollst. Frage dich bei jeder Handlung: 'Will *ich* dies oder will dies jemand anders?' Alles, was du mit *'ja, ich will'* beantworten kannst, das ist gut für dich und das sollst du tun."

„Heißt das", so frage ich atemlos, denn dies erscheint mir ungeheuerlich, „heißt das, ich stelle selbst fest, was richtig und was falsch ist?"

„Wer sollte dies feststellen außer dir selber", entgegnet Nana, „wer maßt sich an, in deinem Namen Recht oder Unrecht zu sprechen?"

Nana sieht, dass ich etwas außer Fassung gerate und spricht weiter: „Du bist kein Kind mehr, Vladimir. Mit deinem Besuch bei der Hainbuche hat die Zeit des Erwachsen-Seins begonnen. Ab jetzt sollt du nur noch dich selbst fragen."

„Ich soll niemanden mehr fragen?", meine ich staunend.

„Doch, du kannst andere Zauberer um ihre Meinung bitten – oder Dichter. Vielleicht beginnst du mit einem, der Hermann Hesse heißt. Er hat einmal gesagt:

'Wer zu bequem ist, um selber zu denken und selber sein Richter zu sein, der fügt sich eben in die Verbote, wie sie nun einmal sind. Er hat es leicht. Andere spüren selber Gebote in sich, ihnen sind Dinge verboten, die jeder Ehrenmann täglich tut, und es sind ihnen Dinge erlaubt, die sonst verpönt sind. Jeder muss für sich selber stehen.' Wenn es dir einmal schlecht gehen sollte, Vladimir, dann halte dich an diese Leute wie diesen Hesse."

„Den Menschen, die in der Herde leben, fehlt die Erkenntnis, willst du das sagen, Nana?

"Erkenntnis beginnt mit Wissen, wird zum Verstehen und führt dann zum Handeln. Viele Menschen finden schon den Weg zum Wissen nicht. Schon der ist ihnen verstellt. Vielleicht helfen diese Worte, zu jenem Weg zu kommen:

Nana ist verwandelt. Sie singt mir kein Lied mehr. Sie steht vor mir, alt und klein geworden, mit tiefer Trauer in der Stimme und spricht.

Sie spricht, als wäre sie selbst die Worte, *als wäre sie selbst das, was sie sagt:*

„**Wir**

Wir sind Kinder des Weltalls
Und wissen es nicht mehr.
Wir sind Kinder der Sonne
Und wissen es nicht mehr.
Wir sind Kinder der Erde.
Auch das haben wir vergessen.
Wir haben Äonen
Von Brüdern und Schwestern
Und kennen sie nicht mehr.
Blind, stumm und taub.
Und keinen Boden mehr
Unter den Füßen:
Wir."

Sehr lange schweigen wir. Jeder hängt seinen Gedanken nach. Ab und zu schauen wir uns an. Auch ich beginne, den Abschied zu fühlen und höre dieses Lied:

Wenn früher Nebel die Seele streichelt

Wenn früher Nebel die Seele streichelt,
fühl' ich den Atem der Erde.
Wenn frühe Sonne die Haut umschmeichelt,
ruft es von weitem: Nun werde!

Das Rufen in diesen Novembertagen,
ich habe es plötzlich vernommen.
Jetzt muss ich es einfach weitertragen.
Zumindest zu Dir muss es kommen.

Von Dir aus soll es dann weiterschwingen.
Wohin? Nichts musst Du sagen.
Selbst Raben können es weitersingen
und Füchse weitertragen.

Der Ruf des Lebens zur Winterszeit,
ein ungewöhnliches Zeichen!
Bald bebt diese Erde, macht Euch bereit,
bald werden Steine erweichen.

Noch streicht der Nebel durchs weite Tal,
noch atmet die Mutter Erde.
Noch krächzt der Rabe sein ewiges Mal,
noch ruft es von weitem: Nun werde!

„Gibt es eigentlich böse Menschen?", frage ich. Nana gibt lange keine Antwort. Schon meine ich, sie hätte die Frage nicht verstanden, da antwortet sie:

„Es gibt keine Frage dieser Art, die man mit 'ja' oder mit 'nein' beantworten kann. Wenn ich ja sage, heißt das gleichzeitig nein. Es gibt böse Menschen, die du am besten umgehst. Aber sie sind so, weil sie schwer verwundet wurden. Ihr lebendiger Teil ist abgestorben. Sie sind böse, weil sie schon tot sind. Ihre Seele ist wie tot. Sie hassen das Leben, weil dies lebendig ist. Sie ziehen andere mit in ihren Seelentod. Gehe ihnen aus dem Weg und suche das Lebendige."

„Erzähle mir weiter von den Menschen", bitte ich Nana. Sie sagt:

„Die Erde braucht den neuen Menschen

Die Gier nach Geld
und die Angst vor dem Tod
gilt es abzuschaffen,
wollen wir diese Erde retten.

Die verlorene Verbindung,
hin zum Universum,
gilt es wieder herzustellen,
wollen wir diese Erde retten.

Das Eine, unendliche Sein
in seinen Millionen Formen
gilt es neu zu erfühlen,

wollen wir die Erde für uns Menschen retten.

Die Erde braucht den neuen Menschen oder keinen.

Der Mensch hat Angst vor dem Tod, weil er die Zusammenhänge nicht sieht. Er will die Angst vor dem Tod besiegen, deshalb häuft er Reichtümer an. Diese sollen ihn schützen."

„Ist dies ein Mittel gegen die Angst?", frage ich.

„Ein untaugliches Mittel, genau wie eine andere Menschenerfindung dagegen – den Hochmut. Du wirst sehr vielen hochmütigen Menschen begegnen. Besonders solchen, die sich über alles andere Leben erheben bis hin zu denen, die behaupten, nur der Mensch sei ein richtiges Lebewesen."

Mich schüttelt es bei solchen Gedanken!

Nana fährt fort: „Dies alles wird dich nicht ernsthaft erschüttern, Vladimir. Es wird dich manchmal schmerzen, es wird dir manchmal sehr weh tun, so weh, dass du jemanden zum Festhalten brauchen wirst, weil du meinst, du hältst es sonst nicht aus. Aber wenn du weißt, dass Hochmut eine Form der Angst ist, dann wirst du dich nicht betroffen fühlen. Niemand kann dich je beleidigen, niemand kann dich lächerlich machen, niemand kann dir deine Würde nehmen, sei er noch so hochmütig oder mächtig."

„Was ist Macht, Nana", frage ich.

„Das ist wieder so ein Begriff, welchen die Menschen falsch verstehen. Mächtig sein heißt stark sein. Bäume sind mächtig, Zauberer sind es, alle Menschen, die keine Angst haben, sind es. Die Menschen meinen aber, wer herrscht, der sei mächtig. Menschenherrschaft ist schrecklich, sie ist eine Krankheit. Viele Menschen wollen herrschen, sie sind süchtig danach. Hüte dich vor den Herrschenden, denn sie üben Macht aus, die nicht aus ihnen selbst kommt."

„Gibt es keine guten Herrscher", frage ich weiter.

„Gute Menschen können Macht haben, sogar große Macht, sie können aber niemals über andere herrschen. Das eine schließt das andere aus!"

Nana ist müde. Sie will schlafen. Ich habe viel nachzudenken. Ein Stück von ihr entfernt finde auch ich einen guten Ruheplatz. Nana schnarcht bald leise im Schlaf. Ich liege noch eine ganze Zeit wach und höre das Lied vom traurigen Baum, das ich nicht verstehe:

Das Lied vom traurigen Baum

Wenn die Bäume traurig werden,
stirbt das Leben hier auf Erden.
Große Not – alles tot.

Wenn die Bäume Trauer tragen,
werden alle Lebensfragen
winzig klein – nur noch Schein.

Wenn die Bäume Trauer zeigen,
bricht es an, das große Schweigen.
Alles leer – alles schwer.

Wenn die Bäume Trauer spüren,
brechen sie mit allen Schwüren.
Leben geht – Wind verweht.

Wenn die Seelen traurig werden,
stirbt das Leben hier auf Erden.
Große Not – alles tot.

Unterwegs

Es hält mich nicht mehr lange an einem Platz. Noch bevor Nana auf-
wacht, bin ich wieder unterwegs. Es ängstigt mich nicht mehr, dass
Nana von mir entfernt ist. Im Gegenteil, ihre ständige Anwesenheit
wäre mir nicht angenehm. Gerne denke ich an sie, besonders
abends, wenn die Müdigkeit und die unbeantworteten Fragen kommen. Ich übe mich, nur wenige Fragen zuzulassen. Ich weiß, dass
zu viele Fragen verwirren. Über sie will sich die Angst einschleichen.
Das lasse ich nicht zu.

Meine Atemübung hilft mir sehr dabei. Ich möchte alle Fragen aus-
schalten und nur mich selbst hören. Ich möchte nur meinen Atem
hören und spüren, wie die Luft meinen Körper tief durchdringt, bis
sie auf einen Schlag heraus muss. Ich möchte spüren, wie ich mich
bis zum Zerreißen ausdehne und dann zusammenziehe.

Das gelingt mir immer besser, ich spüre die Schwingung des Lebendigen: auf und ab, ausdehnen und zusammenziehen. Immer wieder: ausdehnen und zusammenziehen; der Puls des Lebens. Dies
lässt mich in tiefen, wohligen Schlaf versinken. Alles wird auf morgen verschoben. Jetzt ist Schlaf. Am Morgen gehe ich jedes Mal
sehr erfrischt in meine Welt.

Die Zauberhöhle hat es mir angetan. Dieser herrliche Wald. Hier
spüre ich am besten, wie alles mit allem verbunden ist: Selbst das
unscheinbare, sich mit knorrigen Schlingen hochwindende 'Jelän-
gerjeliebe', das 'Geißblatt' funkt mich an. Die kleinen, weiß-gelbli-

chen Blüten, zur Sonne strebend, rufen „Hallo", wenn ich in die Nähe komme.

Heute habe ich einen wunderbaren Platz gefunden. Er ist nicht weit von meinem Zauberbaum entfernt, dort, wo in den kleinen Bach ein Rinnsal mündet. In diesem verstreuten Wasserlauf ist eine kleine Pflanzeninsel: eine fette Sumpfdotterblume reckt ihre satten, unglaublich gelben Blüten in die Höhe. Sie ist so breit und ausladend, dass ihre Blätter bis über das Wasser wieder auf die Erde reichen. Sie hat mich im Vorbeigehen dermaßen stark angefunkt, dass ich mich zu ihr lege, meinen Kopf ganz nahe bei ihr. Ich höre ein wunderbares Lied:

Blüten am Strauch

Wenn heute die Vögel singen,
die Bäume blühen und der Lauch,
möchte ich in der Sonne liegen
und Blüten zählen am Strauch.

Was brauch ich? Etwas zu essen,
ein Mädchen und ein Glas Wein.
Und dann für ewig vergessen,
die Tage, das ganze Sein.

Zerträumen den Mond und die Sterne,
zerfließen in dir und mir,
o ewige Sehnsucht und Ferne,
bleib bei uns, o bleibe hier.

Doch wie es so ist mit dem Träumen,
und wie es so kommt mit dem Glück,
mit jubelnden Vögeln in Bäumen,
Gedanken nur bleiben zurück.

Gedanken und jenes Schwirren,
das in uns zittert und bebt,
wenn in der Liebe Wirren,
die Hoffnung in uns sich erhebt.

Doch dann, wenn im Liebesbaume,
das ewige Blühen zerfällt?
Wer bleibt noch im leeren Raume,
wer ist's, der den Kopf noch hält?

Die Vögel, sie sangen schon immer,
deine Sonne, die war längst da.
Und alles Sternengeflimmer
Zeigt uns die Andromeda.

Und trotzdem, wenn Vögel singen,
wenn die Bäume blühen und der Lauch,
da werde ich alles vergessen
und Blüten zählen am Strauch.

Die Sumpfdotterblume ist sehr freundlich: „He", sagt sie, „du ver-
stellst mir das Licht, du bist ja riesengroß, noch nie habe ich ein sol-
ches Wesen gesehen."

„Ich bin Vladimir, ein Mensch, die sind so groß", antworte ich ebenfalls freundlich.

"Ich kenne nur kleine Besucher", sagt die Blume.

„Hast du viele Besucher?", führe ich dieses angenehme Gespräch weiter.

„O ja", fährt die Blume fort, „das geht von morgens bis abends". Schmetterlinge und sonstige Falter, Bienen, Hummeln, Wespen, was man sich so denken kann. Leider haben sie es immer so eilig."

„Plaudert ihr nicht zusammen", frage ich.

„Doch", antwortet die Sumpfdotterblume, „aber sie haben so viel zu tun. Alle sorgen für ihre Kinder. Für diese leben sie. Sie denken den ganzen lieben langen Tag an ihre Kinder. Über die sprechen sie mit mir. Ob das Essen gut ist, ob genügend vorhanden ist und vor allem, ob es noch reicht, wenn sie selbst nicht mehr da sind."

„Wie das?", frage ich verblüfft.

„ Die meisten von ihnen kennen ihre Kinder ja gar nicht. Sie sterben, bevor diese geboren werden. Deshalb haben sie solche Sorge."

„Und die Insekten, wissen die von ihren Kindern?", frage ich.

„Natürlich, würden sie sich sonst so plagen? Sie wissen um ihr kurzes Leben und um ihren Sinn. Weißt du um deinen nicht?", fragt die Blume und scheint zu staunen.

„Ehrlich gesagt, nein", antworte ich.

„Du bist mir wie eine riesengroße dumme Hummel", entgegnet die Sumpfdotterblume in amüsiertem Ton und fährt fort: „Für jeden von uns, sei es ein Käferlein oder solch ein Riese wie du, gibt es einen Bauplan. Der Plan ist ewig. Wir, die wir uns im Moment anfassen können, wir kommen, sind da und gehen. Immer wieder. Ein Teil von uns selbst geht weg und kommt bald wieder. Das wissen alle Pflanzen und alle Tiere."

„Habt ihr keine Angst vor dem Tod?", frage ich.

„Nein", antwortet die Sumpfdotterblume. „Der Tod ist nur eine kurze Anderszeit, zum Ausruhen sozusagen. Schau mich an. Sehe ich nicht herrlich aus? Bald verwelke ich. Nach einer bestimmten Zeit gibt es mich so, wie du mich jetzt kennst, nicht mehr. – Aber dann, irgendwann, bin ich *in* einer anderen Sumpfdotterblume, bin ich eine *andere* Sumpfdotterblume. Meine Blätter, meine Blüten, meine Wurzeln kommen und gehen. Sie gehören zu mir, sie sind aber nicht ich. Vielleicht lebe ich nächstens dort, oder dort, oder dort."

Die Blume schwingt ihre langen Blüten in die eine, dann in die andere Richtung und fährt fort: „Natürlich wissen wir das alle, wären wir sonst so fröhlich?"

Die Rede der Sumpfdotterblume hat mich stark erregt. Ich muss jetzt laufen, weit laufen, ich brauche viel Bewegung. 'Ein Bauplan, es existiert ein Bauplan', wiederhole ich vor mich hin. Dabei fällt mir ganz dunkel ein, dass Nana einmal, als ich von Zufall sprach, laut gelacht hat. Ich muss zu meiner Hainbuche.

Sie begrüßt mich freudig: „Mein Vladimir", ruft sie schon von weitem, „komm her zu mir, du hast Fragen. Ich spüre es."

„Und was für Fragen, Hainbuche", entgegne ich. „Weißt du etwas von Zufällen und von Bauplänen bei Lebewesen?"

Mein Baum wiegt sich sanft im Wind. „Du scheinst schon weit vorgedrungen.", sagt er, „Ich will dir erklären, was ich weiß, setze dich zu mir." Ich klettere zum Baumplatz und lausche:

„Mit Zufall benennen Menschen ein Geschehen, von dem sie meinen, es sei ohne Logik, ohne Sinn passiert. Es ist meist ein plötzlich eintretendes Geschehen, das sich der bewussten Vorplanung entzogen hat. Insofern fällt es tatsächlich zu, so wie das Wort sagt. Diese Deutung ist aber falsch! Es gibt keinen Zufall, weil jeder seine Welt um sich herum selbst erschafft. Die Welt, in der du lebst, ist nicht etwas, auf das du zugehen oder von dem du weggehen könntest, weil sie getrennt von dir wäre. Die Welt um dich ist so, wie du sie selbst haben willst. Sie ist das Ergebnis deiner Vorstellungen und deines Handelns."

„Heißt das, Hainbuche, die Welt um mich ist das Ergebnis meines eigenen Tuns?", frage ich staunend.

„Das heißt es. Die Graswelt ist das Ergebnis des Tuns aller Gräser, die Baumwelt ist das Ergebnis des Tuns aller Bäume, die Menschenwelt ist das Ergebnis des Handelns aller Menschen. Ihr Menschen habt einen weiten Spielraum eures Tuns: ihr könnt handeln, wir nicht."

„Das heißt für mich, Hainbuche, ich kann am Morgen, wenn ich aufwache, die Welt an diesem Tag für mich erschaffen?"

„Richtig. Je nachdem, wie du dich entscheidest, fällt die Welt an diesem Tag *so* oder *so* für dich aus. Du hast, um in Zahlen zu sprechen, tausende von möglichen Tagen vor dir."

„Aber nur einen zur Verfügung".

„Richtig, die Auswahl, was zu *deinem* Tag wird, triffst du und nur du ganz allein. Und deshalb kann es keinen Zufall geben."

„Das stellt mein Denken ja auf den Kopf, Hainbuche", antworte ich.

„Das ist keine schwere Übung, Vladimir. So wie der Morgen unwiderruflich auf dich zukommt, so kommen auch tagsüber unwiderrufliche Dinge auf dich zu. Aber auch da kannst du wieder auswählen, wie es weitergehen soll. Niemand erschafft deine Wirklichkeit außer du selbst."

Lange denke ich nach. „Hainbuche, aus all dem ergeben sich wieder so viele Fragen. Zum Beispiel die: Wenn meine Wirklichkeit nicht feststeht, wenn sie erst durch mich selbst wird, dann gibt es ja auch keine vorausplanbare Sicherheit."

„Niemals. Das Suchen nach Sicherheit ist einer der größten Störfaktoren des menschlichen Lebens. Es gibt nichts, was sicher ist, außer der Veränderung. Merke dir, Vladimir: Das Festhalten an einmal getroffenen Entscheidungen macht oft das ganze Unglück eines Lebens aus!"

„Heißt dies, dass die Menschen ihr ganzes Leben verdrehen?", frage ich mit Staunen weiter.

„Die verdrehte menschliche Zivilisation", fährt die Hainbuche lachend fort, „hat nicht nur die berühmten Böcke zu Gärtnern gemacht. Sie hat die Esel zu Regenten gekürt, die Blindschleichen zu deren Berater befördert und viele Erdenbewohner zu Schafen mutieren lassen."

Lange lachen wir beide bei dieser Vorstellung. Ich bedanke mich bei ihr für die Antworten und mache mich wieder auf den Weg.

Mir wird immer unruhiger zumute und ich weiß nicht warum. Ich spüre, dass mir Nana nicht mehr weiterhelfen kann. Ich muss fort. Ich muss meinen Weg, meinen eigenen Weg gehen.

An diesem Abend sage ich Nana, dass ich nicht mehr bleiben kann.

„Ich weiß es", sagt sie, „mein Verstand weiß, dass es sein muss, aber mein Herz wird trotzdem schwer.".

„Wir werden immer an uns denken.", sage ich.

„Wir werden uns immer fühlen.", antwortet Nana. Sie atmet tief durch und sagt: „Morgen früh zeige ich dir den Ausgang."

„Zeig ihn mir, aber die Frage nach den Bauplänen ist noch nicht beantwortet.", murmele ich schon fast im Schlaf.

„Am Ausgang steht eine uralte Weide. Wenn dir jemand diese deine letzte Frage beantworten kann, dann ist es diese Weide.", meint Nana und schläft daraufhin ein.

Ich höre das Lied vom Weidenbaum.

Der Ausgang

Beim Aufwachen höre ich Nana singen. Es klingt wie eines der vielen schönen Lieder, die mir in den Ohren summen. Ich rühre mich nicht. Ob Nana von meiner Freude weiß? Sie muss nicht traurig sein, denn ich werde wiederkommen. Immer wieder. Regungslos lausche ich. Sie singt „Das Ewige Lied":

„Werden und sein,
kommen und geh'n,
lachen und weinen,
nichts bleibt besteh'n.

Jetzt bist du Mann,
einst warst du Kind,
geh' deinen Weg,
gehe geschwind.

Was auch geschieht,
nur Liebe bleibt;
was auch geschieht,
über die Zeit.

Einst war ich jung,
bin es nicht mehr.

Leben vergeht
wie Sonne und Meer.

Das ewige Lied –
Mutter und Kind,
das ewige Glühen
im Lebenswind.

Werden und sein,
Kommen und geh'n,
lachen und weinen,
nichts bleibt besteh'n.

Schon will ich mich regen, da hebt ihre Stimme noch einmal an. Vorsichtig blinzele ich zu ihr hin und sehe, wie sie mit ihrem schönen Gesicht und ihren leuchtenden Augen zum Himmel schaut. Sie wiederholt noch einmal:

„Jetzt bist du Mann,
einst warst du Kind,
geh' deinen Weg,
gehe geschwind.

Was auch geschieht,
nur Liebe bleibt;
was auch geschieht,
über die Zeit."

Wir machen uns auf den Weg. Ich sehe noch einmal von weitem die Sumpfdotterblume und die Hainbuche. Wir gehen schweigend unter Bäumen.

„Ich werde dich besuchen kommen, Nana.", sage ich in die bedrückende Stille.

„Ja.", antwortet sie. Und sie sagt: „Heute ist ein sehr guter Tag zum Abschiednehmen. Heute hast du Geburtstag."

„Was habe ich?" – rufe ich aus.

„Ich erkläre diesen Tag zu deinem Geburtstag, Vladimir, denn der Tag der Geburt ist Kommen und Gehen gleichzeitig. Unser Abschied soll ein Geschenk für dich sein. Es soll dich dein Leben lang begleiten."

Von der Ferne schon sehe ich den großen Weidenbaum. Er ist so riesig, wie man ihn sich kaum vorstellen kann. Erst weit über Kopfhöhe wächst er zu einem einzigen Baum zusammen. Er hat vier Füße, in jede Himmelsrichtung ein Fuß. Vier Weidenbäume sind zu einem zusammengewachsen.

„Das Weidenhaus ist der Ausgang", sagt Nana. „Du kommst auch jederzeit von der anderen Seite herein. Voraussetzung aber ist, dass du Zauberer bleibst. Nur Zauberer können durch die Weide gehen. Sie ist der Wächter."

Ein gutes Stück von der Weide entfernt setzt sich Nana ins Gras. „Gehe, Vladimir und frage", sagt sie, „ich komme dann zum Tor".

Höre ich beim Gehen die Bäume singen oder singe ich selbst?

Das Lied der Bäume

Gleich ob fallen oder brennen,
ob verwurzelt oder rennen,
ob ein Sandkorn oder Baum:
nichts vergeht in Zeit und Raum.

Gleich ob flüssig oder fest,
gleich ob Höhle oder Nest,
ob ein Adler oder Baum:
nichts vergeht in Zeit und Raum.

Gleich ob lebend oder tot,
gleich ob Reichtum oder Not,
ob ein Grashalm oder Baum:
nichts vergeht in Zeit und Raum.

Gleich ob sichtbar oder nicht,
gleich ob dunkel oder licht,
ob ein Felsblock oder Baum:
nichts vergeht in Zeit und Raum.

Gleich ob strahlend oder matt,
ob sehr hungrig oder satt,
ob ein Mensch oder ein Baum:
nichts vergeht in Zeit und Raum.

Gleich ob fallen oder brennen,
ob verwurzelt oder rennen,

ob ein Sandkorn oder Baum:
nichts vergeht in Zeit und Raum.

Letzte Anleitung zum Glück

Mit sehr gemischten Gefühlen trete ich vor die uralte Weide. Ich lege meine Hände an ihre Rinde und irgendwie verneige ich mich vor ihr.

„Guten Tag Weide", höre ich mich sagen, „bevor ich durch dein Tor gehe, möchte ich dich noch eine wichtige Sache fragen."

„Wer bist du, der du mich ansprichst?", antwortet die Weide.

„Ich bin Vladimir, der Sohn meiner Eltern und dieser Mutter Erde. Ich bin ein kleiner Bruder von dir. Heute bin ich vierzehn Jahre alt geworden."

„Dann setze dich zu mir.", sagt ohne Umschweife der Weidenbaum. „Lehne dich mit deinem Rücken an mich. Wenn du möchtest, suche dir einen guten Platz, und dann beginne mit deinen Fragen."

„Ich habe viel gelernt von Stärke, von Kraft, darüber, dass Zauberer nicht krank werden, warum sie keine Angst haben und warum sie glücklich sind. Ich meinte, sehr viel zu wissen, bis ich eine kleine Sumpfdotterblume traf. Diese hat mich sehr verwirrt. Sie hat von Bauplänen des Lebens erzählt. Was weißt du darüber?"

Der Weidenbaum brummt, als hole er tief Luft. Er beginnt zu antworten: „Mir scheint, lieber Vladimir, deine kleine Anleitung zum Glück ist noch nicht vollständig."

„Meine was?", antworte ich verblüfft.

„Ohne es zu merken", erklärt der Weidenbaum, „hast du eine kleine Anleitung zum Glück erhalten. Nun fehlt dir noch ein letzter Rest? Unterbrich mich bitte", sagt er höflich, „wenn ich dir Bekanntes erzähle."

„Ich möchte dir zuhören", sage ich.

„Also, du Vladimir, gehörst zu den Menschen. Viele von ihnen scheinen etwas verloren zu haben. Ich könnte boshaft sagen: Direkt, nachdem sie ihren Verstand bekamen, haben sie ihn verloren; aber das wäre zu einfach. Die Menschen haben etwas viel Wertvolleres verloren als ihren Verstand. Sie haben die Verbindung zu ihrer Herkunft, zu ihrem Grund, zur Erde und zum Kosmos verloren. Durch die verlorene Verbindung wurden die Menschen heimatlos. Sie fühlen sich ohne Sinn und Zweck auf diese Erde geworfen. Sie denken und erleben ihre Existenz sinnlos, im besten Falle mutwillig. Vor einiger Zeit kam ein Mensch hier vorbei, er hat mir diese traurigen Worte gesagt:

Wir waren zu Hütern bestimmt

Wir waren zu Hütern bestimmt,
zu Hütern der Mutter Erde.
Wie haben wir uns verirrt!

Die Erde wird uns abschütteln,
wie der Hund das Wasser,
wenn er aus dem Flusse steigt.

Die Erde wird uns verbrennen,
wie der Vulkan das Land,
das gestern noch ruhig lag.

Die Erde wird uns ersäufen,
wie schon einmal geschehen:
In allen heiligen Büchern zu lesen.

Die Erde wird uns vernichten,
weil wir das Lebendige töten,
um eigenen Vorteils willen.

Wir waren zu Hütern bestimmt,
zu Hütern der Mutter Erde.
Wie haben wir uns verirrt!"

„Entschuldige Weide, dass ich dich unterbreche. – Aber dies ist doch furchtbar, das Gegenteil von Glück.", sage ich.

„Natürlich, kleiner Bruder", fährt lächelnd die Weide fort, „jetzt komme ich ja auf den menschlichen Verstand zurück. Dieses Verstandes-Denken ist falsch. So falsch, dass es falscher nicht mehr geht!

Das Denken hat das Fühlen ersetzt, zumindest entmachtet. Das sich Bekriegen ist mehr wert als das sich Lieben. Das Denken der Menschen und die Unmenschlichkeit gehen Hand in Hand. Deshalb funktioniert die Anleitung zum Glück nur, wenn du dieses gesamte menschliche Denken auf den Kopf stellst: Wenn alles „nein" schreit, musst du bereit sein, „ja" zu sagen. Wenn alles „oben" schreit, musst du bereit sein, „unten" zu sagen. Wenn alles „Unglück" schreit, musst du bereit sein, „Glück" zu sagen."

„Muss ich dies tatsächlich laut sagen?", frage ich etwas verzagt.

„Nein, du sagst am besten überhaupt nichts. Du denkst es und du lebst es. Nur, wenn man dir keine Ruhe lässt, dann musst du laut 'nein' sagen. Vielleicht musst du auch 'nein' schreien, aber das ist eher selten."

„Stelle ich mich da nicht gegen alle anderen Menschen?", frage ich skeptisch.

„Nein, du stellst dich nicht *gegen* andere, du lebst einfach für dich. Du reklamierst *dein Menschenrecht für dich selbst zu leben* und nicht für andere.", antwortet die Weide.

„Das ist alles verständlich.", sage ich, „Aber wann weiß ich, dass ich 'nein' sagen oder tun muss?"

Die Weide lächelt: „Das ist recht einfach. Immer dann, wenn eine Aussage mit ihrem Inhalt nicht übereinstimmt und man erwartet, dass du diese Aussage übernimmst. Also immer dann, wenn eine Verpackung einen falschen Inhalt hat oder umgekehrt, wenn ein Inhalt falsch verpackt wird."

Jetzt macht die Weide eine sehr lange Pause. Fast brummend fährt sie fort: „Glück braucht den Garten der Wahrhaftigkeit. Ein Stück Land, einen Platz, einen Raum und sei er noch so klein, den du gestalten, den du festhalten, den du lieben kannst. Ohne diese Wahrhaftigkeit, ohne Tun und ohne Liebe gibt es kein Glück. Und – du brauchst vor allem dich selbst zum Glück, sozusagen als Voraussetzung damit es gelingen kann. – *Du musst du sein, du musst deine eigene Heimat sein.*"

„Und wie finde ich mich, Weide?" frage ich.

„Du findest dich, indem du deine verlorenen Teile wieder zusammensuchst, indem du deine Seele wiederfindest. Die Seele ist der verlorengegangene Teil der Menschen. *Die Seele ist der Mensch.* Und die Seele hat einen Körper."

„Dann ist der Körper sozusagen nur das Transportmittel?", frage ich weiter.

„Richtig.", antwortet die Weide, „Durch ihren verwirrten Verstand meinen die Menschen nun, sie seien lediglich ihr Körper. Und weil sie nicht mehr wissen, dass ja nur dieser stirbt, werden sie vom Unglück geplagt."

„Hat dies mit den Bauplänen zu tun?", frage ich weiter.

„Ja, ich kann dir dazu aber nur eine ganz grobe Erklärung geben. Wenn du nachher durch mein Tor gehst, dann nimm dir ein Blatt mit, das direkt vor dem Ausgang liegt. Darauf findest du Namen von großen Zauberern. Beschäftige dich mit ihnen; wenn du wieder unter Menschen bist, studiere sie. Sie könnten deine neuen Gedanken- oder Gesprächspartner werden."

„Danke, Weide", entgegne ich, „aber wie ist das nun mit deiner Erklärung?"

„Das mit den Bauplänen geht so: Das gesamte Weltall besteht aus Energie. Sie ist überall, weil es keinen leeren Raum gibt. Das, was wir Materie nennen, ist auch Energie. Sie hat nur eine andere Form.

Es gibt lebende Materie, das sind alle Lebewesen, die geboren werden und sterben, also Menschen, Tiere und Pflanzen. Und es gibt nicht-lebende Materie wie zum Beispiel Steine. Sie werden ebenfalls geboren und sterben", erklärt die Weide.

„Wie bitte?", höre ich mich sagen.

„Natürlich.", fährt die Weide fort. „Wenn wir etwas in die Hand nehmen, etwa ein Stück Holz, dann ist dies für uns fest. In Wirklichkeit aber gibt es nichts Festes. Alles, was uns felsenfest erscheint, ist rasende, blitzende Energie. Durch bestimmte Energie-Baupläne wird nun etwas für eine gewisse Zeit sichtbar. *Nach* seiner Zeit löst es sich wieder in die ursprüngliche, nicht-sichtbare Form auf."

„Also gibt es für alles eine Lebenszeit und einen Bauplan?", frage ich fasziniert.

„Für jedes Sandkorn, für jeden Fels, für jeden Einzeller, für jeden Frosch, für jeden Menschen gibt es einen Bauplan für seine sichtbare Lebenszeit."

„Das heißt, *alles* hat eine vorherbestimmte sichtbare Zeit?"

„Richtig", fährt die Weide fort, „die Zeit, welche der Bauplan vorsieht. Wir Weiden vielleicht dreihundert Jahre, ein Stein vielleicht dreihundert Millionen Jahre, ihr Menschen vielleicht siebzig Jahre."

„Das heißt, wir sterben eigentlich nicht", antworte ich atemlos.

Die Weide antwortet fest und ohne Zögern: „Niemals sterben wir. Unsere Körper kommen und gehen. Unsere Seele ist ewig".

Ich sitze noch lange an der uralten Weide. Irgendwann sage ich: „Danke, Weide." und schaue zu Nana.

Sie kommt auf mich zu. Wir umarmen uns stumm und ich flüstere: „Wir sind ewig, Nana." Nana schaut mich tief und fest an: „Jetzt kann ich dich ziehen lassen.", antwortet sie, „Lebe wohl."

Sie geht mit mir zum Durchgang in der alten Weide. Ich stecke das Blatt mit den Namen ein. Wir umarmen uns noch einmal, es knarrt heftig und ich bin draußen.

Ich schaue auf das Blatt vom Weidenbaum. In großen Buchstaben stehen darauf die Namen: Rupert Sheldrake, Fritz-Albert Popp, Fritjof Capra, Erwin Schrödinger, Ken Wilber, Burkhard Heim, Nyanaponika, Wilhelm Reich, Gary Zukav, Jiddu Krishnamurti, Osho, Theo Fischer, Willigis Jäger und viel, viel andere.

Meine Zauber-Zeit kann also weitergehen! Ich bin gespannt auf die Gespräche mit diesen großen Zauberern!

Nachtrag

Vladimir ist in jener Welt der Zeit mitgezogen, in der Karawane alles Lebendigen. Viele Lieder konnte er singen, freudige und traurige. Immer hielt er Verbindung zu Nana und zu seinen ersten Gesprächspartnern. Besonders die Sumpfdotterblume mit ihrem leuchtenden Gelb war ihm ein Wegweiser geblieben.

Seine Lieder auf der Reise des Lebens waren den ersten Liedern sehr ähnlich, lediglich eigene Erfahrung gesellte sich zum Immerwährenden, Unvergänglichen dazu. Sein „Lied des Riesen" summte er oft vor sich hin und lächelte dabei:

Ich bin riesengroß und klein,
ich bin grob und trotzdem fein,
erfreue mich am Frühlingswind,
bin ein alt gewordenes Kind.

Ich bin traurig und bin froh,
lieg' auf Daunen und auf Stroh,
lieb' das Wasser und den Wind,
bin immer noch das kleine Kind.

Ich kann lachen und kann schrei'n,
weiß was grob ist, und was fein,

lieb' die Bäume und den Wind,
heute noch – wie einst als Kind.

Bin gescheit und manchmal dumm,
seh' was grade und was krumm,
lieb' das Leben und den Wind,
bin im Herzen immer Kind.

Ich bin riesengroß und klein,
ich bin grob und trotzdem fein,
erfreue mich am Winterwind,
bin ein alt gewordenes Kind

Eines der Lieder hat sich Vladimir auserkoren, dass er singt und ihn begleitet, wenn diese Reise beendet ist und er seine neue Reise antritt. Es wird sein zweiter, tatsächlicher Geburtstag sein. Dann, wenn er dorthin zurückkehrt, woher er für kurze Zeit gekommen war. Er weiß, dass Nana schon mit ihrem Lied auf ihn wartet:

„Kind ist angelandet,
Kind ist jetzt bei mir,
Kind ist angestrandet,
danke, Kind, dafür.

Kind ging Weg und Stege,
ewig war es fort,

fand die richtigen Wege
ist am rechten Ort.

Konnt' vom Kindlein träumen,
lange, lange Zeit,
durft' es nicht versäumen –
jetzt ist es soweit.

Ewigkeiten finden
zueinander, ja,
ewig kann nichts binden –
doch jetzt bist du da!

Kind ist angelandet,
Kindlein ist bei mir,
Kind ist angestrandet,
danke, Kind, dafür."